Kinder-geburtstag

AUTORIN: CHRISTIANE KÜHRT | FOTOS: JÖRN RYNIO

Praxistipps

Extra

Rezepte

Gut geplant – perfekt gefeiert

Wissen Sie schon, wo Sie feiern wollen, wen Ihr Kind einladen möchte, und was es zu essen geben wird? Bei Ihren Vorüberlegungen lohnt es sich, ein paar Dinge zu beachten.

Wichtige Überlegungen vorab: Wozu sind Sie bereit?

Etwa 2 bis 3 Wochen vor dem Geburtstag sollten Sie sich die ersten Gedanken zum Fest machen. Überlegen Sie zunächst alleine, wie Sie sich das Fest vorstellen und auch, wie viel Zeit Sie investieren wollen und vor allem können. Es gibt vielleicht Zeiten, da sind Sie mit einem Geburtstagsfest zuhause überfordert. Dann ist ein Besuch im Tierpark oder Schwimmbad mit einem kleinen Picknick eine gute Alternative. Ein anderes Mal haben Sie vielleicht richtig Lust und genügend Power, um für Ihr Kind ein Fest mit großem Programm vorzubereiten. Erst wenn Sie für sich entschieden haben, was Sie machen möchten, sollten Sie mit Ihrem Kind über seinen Geburtstag reden.

Die Gästeliste: Aufs Alter achten

Überlegen Sie gemeinsam mit dem Geburtstagskind, wen es zu seinem Fest einladen möchte. Geben Sie Anregungen, lassen Sie es aber möglichst selbst entscheiden. Manche Eltern möchten es sich nicht mit anderen verderben und überreden Ihr Kind zur Gegeneinladung von Kindern, bei denen es schon zu Gast war. Akzeptieren Sie, wenn Ihr Kind nichts von solchen Auswahlkriterien hält.

Grundsätzlich ist es sinnvoll, die Anzahl der Gäste zu begrenzen, besonders bei kleinen Kindern. Bewährt hat sich die Faustregel: Nur so viele Gäste einladen, wie das Geburtstagskind Jahre alt wird. Damit hat man die Chance, auf alle Kinder eingehen zu können und die Gruppe zusammenzuhalten. Achten Sie außerdem darauf, dass die Kinder etwa im gleichen Alter sind, damit sie ähnliche Interessen und Fähigkeiten haben. Das ist besonders für Spiele wichtig.

Einladungen: Das Wann und Wo muss auf die Karte

Einladungskarten steigern die Vorfreude, deshalb sollte das Geburtstagskind auch unbedingt mitmachen. Kleine Kinder können Sticker auf Karten kleben, Vorschulkindern schreiben Sie einen kleinen Text vor und größere Kinder sollen ihre Karten ruhig ganz alleine gestalten. Auf Seite 64 finden Sie Anregungen für selbst gebastelte Einladungen. Wer nicht so viel Zeit hat, findet in Schreibwarenabteilungen eine Riesenauswahl an fertigen Vordrucken.

Damit die Gäste und ihre Eltern Bescheid wissen, sollte Folgendes auf der Einladung stehen: Wo findet das Fest statt? Am besten die ganze Adresse mit Telefonnummer, wenn nötig Anfahrtsskizze. Und: Wann geht es los und wie lange wird gefeiert? Bis zum Teenager-Alter empfiehlt es sich, das Fest auf etwa drei Stunden zu begrenzen. Soll ein Teil des Programms im Freien stattfinden oder sind viele wilde Spiele geplant, sollte man auf der Einladung auf entsprechende Kleidung hinweisen. Nützlich für die eigene Planung ist der Hinweis, dass man eine Zu- oder Absage wünscht.

Gästeliste

Gemeinsame Planung

Feiern am See

Wo ist Platz zum Toben?

Der ideale Ort für ein Kinderfest ist dort, wo nichts kaputtgehen kann und auch mal was schmutzig werden darf. Für mich ist dieser Ort der Garten oder aber ein nettes Plätzchen im Park. Das steht leider nicht immer zur Verfügung, und zudem fehlt die Schönwetter-Garantie. Auch Keller- oder Speicherräume sind ideal oder eine ausgeräumte Garage. Manchmal vermieten Pfarreien oder Vereine geeignete Räume, erkundigen Sie sich. Wenn Sie in der Wohnung feiern, lassen Sie die Kinder ihre Schuhe ausziehen, geben Sie nur einen Teil der Wohnung zum Feiern frei, erlauben Sie den Kindern nur am Tisch zu essen und zu trinken und stellen Sie Gegenstände, die stören, umfallen oder kaputtgehen könnten in ein anderes Zimmer.

Hilfe organisieren

Am besten planen Sie die Geburtstagsfeier an einem Tag, an dem beide Elternteile Zeit haben. Zu zweit ist vieles leichter, besonders wenn mal ein Kind zickt, sich jemand wehgetan hat oder es zu wild wird. Wenn das nicht klappt, kann auch eine gute Freundin oder die Patentante assistieren.

Leckeres für das Geburtstagsfest

Kinderfeste finden in der Regel am Nachmittag statt. Deshalb gibt es oft zu Beginn Kuchen oder Gebäck. Das kann die toll dekorierte Geburtstagstorte sein oder ein paar schnell gerührte Muffins. Originelle Rezepte dafür gibt es auf den Seiten 10 bis 25. Ich halte gar nichts davon, den Kindern Schüsseln mit Chips und Süßigkeiten hinzustellen, denn das endet nicht selten mit verdorbenem Magen. Viel besser ist ein gemeinsames Essen am Ende des Festes. Das ist ein perfekter Ausklang des Tages. Ab Seite 26 finden Sie bunt gemixte Anregungen, für die Sie nicht ewig in der Küche stehen müssen. Der Abschluss eines Kindergeburtstags kann aber auch ein Abenteueressen wie Raclette, Grillen, Picknick oder Pizzabacken sein. Weil man dafür etwas mehr Zeit braucht, könnte man das Kuchenessen ausfallen lassen und die Kinder nur mit einem Eis am Stiel begrüßen.

Auf Kindergeburtstagen geht es immer heiß her. Deshalb ist es wichtig, genügend Getränke parat zu haben. Die besten Durstlöscher sind Wasser, Früchtetees und Saftschorlen. Zur Begrüßung oder zum Abschied machen Sie mit einem bunten Fruchtcocktail oder einer Kinderbowle Eindruck. Lassen Sie sich auf den Seiten 52 bis 58 inspirieren.

Was steht auf dem Programm?

Es muss nicht jede Minute ausgefüllt sein, aber ein grober Plan, wie der Nachmittag ablaufen sollte, ist hilfreich und nötig. Hier ein paar Vorschläge.

Spiel und Spaß

Ob Flaschendrehen, Luftballontanz oder Topfschlagen: **Spiele** gehören schon seit Generationen zu einem Kindergeburtstag. Überlegen Sie – vielleicht gemeinsam mit dem Geburtstagskind – welche in Frage kommen, und legen Sie die Utensilien dafür bereit. Bücher mit Spielideen gibt es im Kindergarten oder in der Bücherei. Achten Sie darauf, dass sich ruhige und aktionsreiche Spiele abwechseln, damit die Kinder nicht überdrehen.

Lustig ist auch eine gemeinsame **Schnitzeljagd** oder eine **Schatzsuche,** bei der die Kinder an verschiedenen Stationen Fragen beantworten oder Aufgaben erfüllen müssen. Zuletzt wartet eine Belohnung oder ein »Schatz« auf sie. Das kann ein kleines Geschenk sein, ein Freundschaftsbändchen oder eine Wunderkerze für einen Herzenswunsch. Auch schön: Sie machen einen Picknickkorb mit einem Abschieds-Snack zum Schatz.

Im Freien bietet sich eine **Olympiade** oder ein **Geschicklichkeitsparcours** an. Weil besonders kleine Kinder schlecht verlieren können, lassen Sie am besten alle Kinder zusammen als Team kämpfen – und natürlich Sieger sein. Für jeden gibt es zum Schluss eine Medaille – vielleicht einen bunt bemalten und mit Namen versehenen CD-Rohling mit Band zum Umhängen.

Schulkinder darf man auch mal für einige Zeit sich selbst überlassen: Bitten Sie sie, in einer vorgegebenen Zeit ein **Theaterstück** oder ein **Zirkusprogramm** einzustudieren. Sie selbst sind dann der Zuschauer, können die Aufführung vielleicht filmen und zum Abschluss des Festes gibt es noch einmal viel Spaß beim gemeinsamen Ansehen des Filmes.

Statt der Spiele oder als zusätzlichen Programmpunkt können Sie mit den Kindern einen kleinen **Malwettbewerb** veranstalten. Das kann ein Gemeinschaftsbild sein, für das mehrere Bögen Papier zusammengeklebt werden. Oder Sie lassen einzelne Kunstwerke zu einem bestimmten Thema malen und machen zuletzt eine Ausstellung. Auch **Basteln** macht Kindern Spaß: Papierflieger bauen, Taschen, T-Shirts oder Geschirr bemalen, Blumenkränze binden, Kerzen verzieren ... Lassen Sie Ihrer Fantasie freien Lauf oder holen Sie sich Bücher mit Bastelideen, die zeigen, wie's geht.

GUT ZU WISSEN

Es gibt Tage, da sind Kinder mit dem tollsten Programm nicht zu begeistern und wollen einfach nur toben oder haben eigene Spielideen. Statt das Programm auf Biegen und Brechen durchzuziehen, ist es einfacher, auf die Kinder einzugehen. Vielleicht schnappen Sie sich dann den Fotoapparat und spielen Beobachter.

Outfit für die Prinzessin

Spaß mit Tröten

Schnelle Deko: Lampions

Geburtstag mit Piraten, Gespenstern, Hexen und Feen

Feiern mit Motto Verkleiden macht nicht nur im Fasching Spaß, und für Fantasiewelten sind Kinder immer zu haben. Gute Gründe, dem Kindergeburtstag mal einen Namen zu geben. Ob **Piratenfete, Geburtstag auf dem Schloss oder auf der Raumstation, Wikingersause, Feenzauber, Hexen- oder Gespenstertreffen** – das hängt ganz von den Vorlieben des Geburtstagskindes ab. Entweder bitten Sie die Gäste schon auf der Einladung, sich dem Motto entsprechend anzuziehen oder Sie legen bei der Ankunft selber Hand an: Piraten bekommen Kopftücher und Augenklappen, Prinzessinnen eine Krone und einen Rock aus Tüllstoff, der Astronautenanzug kann aus Pappe sein, die Wikinger brauchen Helme, die Feen Kränze, die Hexen Hüte und die Gespenster Bettlaken. Dann noch die Gesichter mit Schminkstiften passend bemalen, und Sie haben Ihren ersten Programmpunkt – sicher unter großer Anteilnahme – schon absolviert. Bei einem Themenfest bringt es Spaß, wenn auch die Spiele aufs Motto zugeschnitten sind. Und sei es nur, dass Sie das Topfschlagen beim Hexenfest »Krötenklopfen«, bei der Piratenparty »Schatzsuche« und bei der Gespensterfeier »Spuk um Mitternacht« nennen. Vergessen Sie nicht, für das passende Essen und Trinken zu sorgen: Prinzessinnen laden zum Schlossmenu, Hexen trinken Zauberbowle, Piraten verzehren Piratenbeute und Wikinger brauchen vielleicht einen Powersnack für starke Männer.

Schnelle Deko In schön geschmückter Umgebung macht das Feiern doppelt Spaß. Girlanden, Lampions und Luftschlangen sind immer beliebt, und bunte Luftballons dürfen nicht fehlen: zu Trauben gebunden oder als Solisten, bemalt, geschmückt, mit Haaren und Gesichtern zu Köpfen verwandelt. Wer draußen feiert, kann bunte Windräder oder Fähnchen in die Erde stecken. Bäume oder Sträucher machen Freude, wenn man sie mit Luftballons und bunten Süßigkeiten schmückt und am Ende des Festes plündern lässt. Die passende Deko fürs Kostümfest: Kleine Fähnchen oder Luftballons mit dem passenden Symbol bemalen: etwa mit Schlossornamenten, Zauberstäben, Totenköpfen oder Hexenformeln.

Ein guter Anfang und ein lustiges Ende

Ein Gute-Laune-Spiel zur Begrüßung und eine gemeinsame Aktivität zum Abschluss garantieren Feierstimmung und sorgen dafür, dass das Fest in guter Erinnerung bleibt.

Das fängt ja gut an. Damit die Geschenke nicht lieblos aufgerissen, sondern einzeln gewürdigt werden, kann man sie zum Gegenstand eines Spieles machen. Zum Beispiel Flaschendrehen: Das Geschenk von demjenigen, auf den die Flasche zeigt, wird dem Geburtstagskind übergeben. Erst wird geraten, was in dem Päckchen sein könnte, dann wird es ausgepackt.

Oder: alle Geschenke kommen schon vor der Haustür in einen großen Sack. Das Geburtstagskind darf nun ein Geschenk nach dem anderen aus dem Sack holen und muss raten, wer von seinen Freundinnen und Freunden ihm was geschenkt hat. Für jeden Treffer gibt's kräftigen Applaus. Und nach dem Geschenkeauspacken gibt's ein Ständchen fürs Geburtstagskind. Vielleicht beherrschen Ihre Gäste das Lied »Zum Geburtstag viel Glück« ja auch in Tiersprachen. Fragen Sie danach!

Geschenkübergabe per Flaschendrehen

Ein fröhlicher Abschluss des Festes

Ende gut alles gut. Praktisch, wenn die Kinder zum Abholen schon draußen sind. Ist es dunkel, macht ein Laternenzug Spaß. Im Sommer könnte man ein Abschiedsbild mit Straßenkreide malen, im Winter vielleicht einen Schneemann bauen. Draußen darf's auch etwas wilder zugehen: Fangen, Versteinern – solche Spiele garantieren Spaß bis zur letzten Minute. Und bei schlechtem Wetter? Da gibt's eine lautstarke Abschiedspolonaise durchs Haus.

Der Countdown fürs Fest

Hier noch ein paar Anmerkungen und eine Checkliste, die zusammenfasst, was Sie wann organisieren müssen. So behalten Sie alles im Griff.

Geschenke für die Gäste? Mittlerweile ist es üblich, dass nicht nur das Geburtstagskind, sondern auch die Gäste beschenkt werden. Da gibt es Süßigkeiten oder andere Kleinigkeiten als Preise bei den Spielen und oft noch ein Abschiedsgeschenk. Weil die meisten Kinder bei uns im Überfluss leben, ist weniger oft mehr. Ein Päckchen mit witzigen Gummitierchen als Mitmachpreis nach allen Spielen ist für die Kinder oft mehr wert als Bonbons und Schokoriegel nach jedem Spiel. Zum Abschied ein Minibuch, ein Radiergummi, ein Bleistift, ein kleines Geduldsspiel oder ein Haargummi, am besten hübsch verpackt, das lieben Kinder. Auch ein bemalter Kieselstein als Glücksbringer, eine bunte Feder an einem Bastfaden oder eine Wunderkerze, mit der man sich etwas wünschen darf, kommen immer an!

Sicher ist sicher Kinder sind oft schwer zu bremsen. Deshalb ist es sinnvoll, das Fest räumlich zu begrenzen. Zeigen Sie den Gästen anfangs, wo sie feiern dürfen und welche Räume tabu sind. Erklären Sie ihnen die Regeln Ihres Hauses, etwa wenn sie die Schuhe ausziehen sollen, das Rumhüpfen auf dem Sofa oder Türenknallen verboten ist. Stellen Sie wertvolle, zerbrechliche oder gefährliche Gegenstände weg. Denken Sie daran, dass Sie die Aufsichtspflicht für alle Kinder haben. Auch wenn Sie im Freien feiern, sollten Sie Regeln aufstellen und bestimmen, wo sich die kleinen Gäste aufhalten dürfen.

Checkliste fürs Geburtstagsfest

3 Wochen vorher

› Überlegen Sie: Wann, wo und wie wird gefeiert?
› Gemeinsam mit dem Geburtstagskind die Gästeliste aufstellen

2 Wochen vorher

› Einladungen schreiben, verschicken oder abgeben
› Programm planen, dafür evtl. Spiele- und Bastelbücher wälzen. Notizen machen, Unbekanntes ausprobieren, Programmplan schreiben, notieren, welche Utensilien besorgt werden müssen

1 Woche vorher

› Dekoration für Raum und Tisch überlegen
› Utensilien für Spiele, zum Basteln und für die Deko besorgen
› Bewirtung überlegen und Einkaufszettel schreiben

1 bis 2 Tage vorher

› Lebensmittel einkaufen
› Utensilien fürs Geburtstagsprogramm in einem großen Korb bereitlegen

1 Tag vorher

› Backen und Kochen (soweit möglich)
› Getränke kühlen
› Utensilien für Spiele bereitstellen
› Raum kindersicher machen und dekorieren

Am Tag der Feier

› Gemeinsam Tisch decken und dekorieren
› Essen vorbereiten und Getränke bereitstellen
› Fotoapparat und Videokamera nicht vergessen
› mindestens 1 Stunde vorher: entspannen und sich mit dem Geburtstagskind aufs Fest freuen

Geburtstagsbacken

Kein Geburtstag ohne Kuchen! Wie wäre es noch mit einem Lied dazu? In unserer Familie wird das Geburtstagskind traditionell so geweckt. Wem die Stimme fehlt, der kann sich mit einer CD und dem Chor-Kuchen Unterstützung holen: Musik einlegen, Kerzen anzünden und die Chor-Lollies werden für ein paar Minuten lebendig ...

Geburtstagschor

Für den Teig
7 Eier
350 g weiche Butter
300 g Zucker
250 g Mehl
100 g Speisestärke
½ Päckchen Backpulver
Fett für die Form
Für Guss und Deko
250 g weiße Kuvertüre
bunte Lollies
bunte Zuckerschrift (Tube)
Pfeifenputzer (Bastelgeschäft)

Für 1 Springform von 28 cm ∅ (16 Stücke)
45 Min. Zubereitung
45 Minuten Backen | 1 Std. Abkühlen
Pro Stück ca. 435 kcal, 6 g EW, 27 g F, 42 g KH

1 Ofen auf 180° vorheizen. Springform einfetten. Eier trennen und Eiweiße steif schlagen. Eigelbe mit Butter und Zucker schaumig rühren. Mehl, Speisestärke, Backpulver und Eischnee zugeben und kurz unterrühren. Den Teig in die Form füllen und im Ofen (Mitte, Umluft 160°) ca. 45 Min. backen. Kuchen abkühlen lassen.

2 Kuvertüre in einem Töpfchen bei kleiner Hitze schmelzen, die Torte damit überziehen und den Guss fest werden lassen.

3 Pfeifenputzer in ca. 7 cm lange Stücke schneiden. Als Arme und Beine an den Lollistielen befestigen. Dazu am besten jeden Pfeifenputzer mittig in der richtigen Höhe an den Stiel legen, festhalten, ein Ende um den Stiel wickeln und in der Mitte festdrehen. Mit Zuckerschrift Augen, Nasen und zum Singen geöffnete Lippen auf die Lollies malen. Mit den Stielen in den Kuchen stecken.

saftig | zitronig

Traumschloss

Mit diesem Kuchen gewinnen Sie die Herzen kleiner Geburtstagskinder, die gerne in die märchenhafte Welt von Prinzessinnen, Feen und anderen Fabelwesen versinken.

Für den Teig
6 Eier
350 g Zucker
350 g weiche Butter
2 Zitronen
350 Mehl
½ Päckchen Backpulver
Fett für die Form
Für Guss und Deko
450 g Puderzucker
10 EL Zitronensaft (2–3 Zitronen)
rote Speisefarbe (flüssig, Tube)
Zuckersterne
4 Eistüten für die Schlosstürme
Kristallzuckerstreusel
Waffeln für die Schlossmauern

Für 1 Springform von 28 cm ∅ (16 Stück)
55 Min. Zubereitung
55 Min. Backen | 30 Min. Abkühlen
Pro Stück ca. 475 kcal, 5 g EW, 21 g F, 67 g KH

1 Ofen auf 180° vorheizen. Springform einfetten. Eier trennen. Eiweiße zu steifem Schnee schlagen.

2 Eigelbe mit Zucker und Butter schaumig schlagen. Zitronen auspressen und den Saft unterrühren. Mehl, Backpulver und Eischnee unterquirlen. Teig in die Form füllen. Im Ofen (Mitte, Umluft 160°) ca. 55 Min. backen. 30 Min. abkühlen lassen. Kuchen umdrehen, sodass die glatte Seite oben ist.

3 Puderzucker mit etwa 10 EL Zitronensaft zu einem dicken Guss verrühren. Mit einem Spritzer roter Speisefarbe rosa einfärben. Den Kuchen damit rundherum überziehen. Am besten etwa zwei Drittel des Gusses in die Mitte des Kuchens gießen und von dort aus vorsichtig mit einer Palette zu allen Seiten verstreichen (Bild 1). Und zwar so, dass der Guss an den Seiten herunterläuft und man ihn auch dort mit der Palette verstreichen kann.

4 In die Mitte des Kuchens bunte Zuckersterne streuen. Eistüten mit restlichem Zuckerguss färben: Dafür die Tüten vorsichtig in den Zuckerguss eintauchen und langsam drehen, bis sie gleichmäßig überzogen sind (Bild 2). Guss abtropfen lassen, Eistüten rundherum mit bunten Kristallzuckerstreuseln bestreuen und als Türme auf die Torte setzen.

5 Solange der Guss noch feucht ist, Waffeln in kleine Stücke schneiden und als Mauern entlang des Kuchenrandes setzen.

TIPP – PERFEKTER GUSS

Rühren Sie den Zitronensaft nach und nach unter den Puderzucker und prüfen Sie die Konsistenz. Der Guss ist perfekt, wenn er dickflüssig vom Löffel läuft.

DEKO-TIPP

Zwei kleine Waffelstücke mit rosa Guss überziehen, als Bank mit zwei Gummibärchen in die Mitte des Kuchens setzen. Rechts und links: zwei Mini-Geburtstagskerzen in Mini-Kerzenhaltern als Fackeln.

1

2

3

mit Mandarinen-Käsesahne

Meerestraum

Kleine Nixen, Wassermänner, Meeresforscher und alle, die im Nassen so richtig in ihrem Element sind, möchten in diese Torte am liebsten gleich eintauchen.

Für den Teig
4 Eier | 100 g Zucker
60 g zerlassene Butter
100 g Mehl

Für die Käsesahne
2 kleine Dosen Mandarinen (je 175 g Abtropfgewicht)
2 Päckchen gemahlene Gelatine
400 g Sahne
120 g Zucker
500 g Magerquark
Saft von 1 Zitrone

Für Guss und Deko
1 Päckchen klarer Tortenguss
2 EL Zucker
Plätzchenformen Delfine
3 EL Puderzucker
blaue Speisefarbe (flüssig, Tube)

Für 1 Springform von 28 cm ∅ (12 Stücke)
75 Min. Zubereitung
15 Min. Backen | 4 Std. Kühlen
Pro Stück ca. 360 kcal, 11 g EW, 17 g F, 41 g KH

1 Ofen auf 180° vorheizen. Springformboden mit Backpapier belegen. Eier trennen. Die Eiweiße steif schlagen. Die Eigelbe mit Zucker und Butter schaumig schlagen. Eischnee und Mehl unterrühren. Ein Teigstück von etwa 10 x 10 cm auf ein Stück Backpapier streichen (hieraus werden Delfine ausgestochen). Den restlichen Teig in die Form füllen. Beides im Ofen (Mitte, Umluft 160°) backen: Teigplatte 10 Min., Kuchen 12–15 Min. Beides abkühlen lassen.

2 Inzwischen die Mandarinen abtropfen lassen, Saft für den Tortenguss aufbewahren. Gelatine mit etwas kaltem Wasser verrühren, 10 Min. quellen lassen. Sahne steif schlagen. Zucker, Quark, Zitronensaft und Mandarinen verquirlen, Sahne unterheben.

3 Gelatine bei kleiner Hitze in einem Töpfchen auflösen. Etwa 5 EL Mandarinencreme unter die Gelatine mischen, dann diese Mischung unter die restliche Creme rühren. Backpapier vom Tortenboden entfernen, Kuchen auf einen Teller stellen und den Rand der Form wieder anlegen. Die Creme verteilen. Mindestens 4 Std. in den Kühlschrank stellen.

4 Tortengusspulver mit Zucker und Mandarinensaft in einem Topf verrühren und mit Speisefarbe blau färben. Alles unter Rühren aufkochen, dann 1 Min. unter Rühren abkühlen lassen. Tortenguss von der Mitte aus gleichmäßig über die Torte verteilen. Fest werden lassen.

5 Aus dem übrigen Teig drei Delfine mit einer Plätzchenform ausstechen. Puderzucker mit wenig Wasser und blauer Speisefarbe zu einem dicken Guss rühren, Delfine damit bestreichen, Guss fest werden lassen. Erst vor dem Servieren auf den Tortenguss legen. Nach Belieben noch andere Fische ausstechen, mit Guss bestreichen und auf den Kuchen legen.

extra schokoladig

Kuhfleckenmuffins

3 Eier | 200 g weiche Butter
200 g Zucker
200 g Mehl
2 EL Kakaopulver
100 g weiße Kuvertüre
100 g Zartbitterkuvertüre
12 Papierbackförmchen oder Fett für die Form

Für 1 Muffinblech mit 12 Mulden (12 Stück)
40 Min. Zubereitung
20 Min. Backen | 30 Min. Abkühlen
Pro Stück ca. 395 kcal, 5 g EW, 21 g F, 47 g KH

1 Backofen auf 180° vorheizen. Muffinblech mit Papierbackförmchen auslegen oder einfetten.

2 Eier mit Butter und Zucker schaumig rühren. Das Mehl nur kurz untermischen. In jede Muffinmulde 1 EL Teig einfüllen. Unter den restlichen Teig das Kakaopulver mischen. Den Schokoteig auf den weißen Teig in die Mulden setzen. Nicht glatt streichen! Muffins im Ofen (Mitte, Umluft 160°) ca. 20 Min. backen. Etwas abkühlen lassen.

3 Die weiße Kuvertüre in einem Topf bei kleiner Hitze unter Rühren schmelzen. Kuvertüre mit einem Kaffeelöffel als Kuhflecken auf die Muffins setzen, antrocknen lassen. Dann die Zartbitter-Kuvertüre bei kleiner Hitze schmelzen und als Kuhflecken zwischen die weißen Kleckse setzen. Trocknen lassen.

TIPP – GLÄNZENDE KUVERTÜRE

Die Muffins bekommen eine glänzendere Oberfläche, wenn Sie die Kuvertüre schmelzen, etwas abkühlen lassen und dann ein zweites Mal erwärmen, bevor Sie die Muffins damit überziehen.

saftig | mit Quark

Blümchenmuffins

150 g Butter
100 g Zucker
1 Päckchen Vanillezucker
1 Ei
250 g Magerquark
200 g Mehl
½ Päckchen Backpulver
200 g Puderzucker
5–6 EL Zitronensaft (1–2 Zitronen)
nach Belieben: grüne Speisefarbe (flüssig, Tube)
bunte Schokolinsen
12 Papierbackförmchen oder Fett für die Form

Für 1 Muffinblech mit 12 Mulden (12 Stück)
40 Min. Zubereitung | 25 Min. Backen
Pro Stück ca. 280 kcal, 5 g EW, 12 g F, 39 g KH

1 Ofen auf 200° vorheizen. Die Mulden des Muffinblechs einfetten oder Papierförmchen hineinsetzen.

2 Die Butter mit Zucker, Vanillezucker und Ei schaumig rühren, den Quark unterquirlen. Mehl und Backpulver unterrühren. Den Teig in die Mulden des Muffinblechs füllen und etwas glatt streichen. Im Ofen (Mitte, Umluft 180°) ca. 25 Min. backen. Leicht abkühlen lassen.

3 Puderzucker mit etwa 6 EL Zitronensaft zu einem dicken Guss rühren. Nach Belieben mit Speisefarbe grün färben. Die Muffins damit bestreichen. Eine gelbe Schokolinse in die Mitte und andersfarbige Schokolinsen als Blütenblätter rundherum setzen.

vorne: Blümchenmuffins | hinten: Kuhfleckenmuffins

für Schokofans

Wikingerschiff

Wenn Sie das Segel des Schiffes wechseln, ändert sich auch die Besatzung. Statt Wicki kommen Jim Knopfs »Wilde 13« oder andere Piraten und Seefahrer an Bord.

Für den Teig
5 Eier
250 g weiche Butter
300 g Zucker
4 EL ungezuckertes Kakaopulver
100 g Sahne
300 g Mehl
½ Päckchen Backpulver
Fett für die Form
Für Glasur und Deko
250 g Vollmilchkuvertüre
Gummibärchen als Besatzung und Gallionsfiguren
Zahnstocher
Smarties
Segel aus Krepp- oder Tonpapier
1 Schaschlikspieß

Für 1 Kastenform von 30 cm Länge (15 Stücke)
70 Min. Zubereitung | 50 Min. Backen
Pro Stück ca. 420 kcal, 6 g EW, 24 g F, 45 g KH

1 Backofen auf 180° vorheizen. Backform einfetten. Die Eier trennen und die Eiweiße steif schlagen.

2 Eigelbe mit Butter und Zucker schaumig schlagen. Kakaopulver und Sahne unterquirlen. Mehl, Backpulver und Eischnee zugeben und nur kurz unterrühren. Teig in die Form füllen und im Ofen (Mitte, Umluft 160°) ca. 50 Min. backen. Abkühlen lassen.

3 Kuvertüre in einem Topf bei kleiner Hitze schmelzen. Kuchen mit der gewölbten Seite nach unten auf ein Kuchengitter setzen und mit der Kuvertüre überziehen.

4 Die Gummibärchen-Besatzung auf den Kuchen setzen, wenn die Kuvertüre schon fast fest ist, aber noch weich genug, damit die Bärchen kleben. Galions-Gummibärchen am Bug befestigen. In die Seiten des Schiffes Zahnstocher als Ruder stecken und Smarties als Gucklöcher darüber setzen. Auch das geht am besten, wenn die Kuvertüre fast fest ist.

5 Aus Krepp- oder Tonpapier ein Segel ausschneiden und bemalen. Segel auf einem Schaschlikspieß in die Mitte des Schiffes stecken.

TIPP – EIN MEER AUS SEIDENPAPIER

Besonders schön sieht es aus, wenn Sie das Piratenschiff auf leicht zerknülltes blaues Seidenpapier setzen. In diesem »Meer« können dann noch Haie, Krokodile oder andere Gummitiere schwimmen.

DEKO-TIPPS

Bunter wird das Schiff, wenn Sie es mit einer dünnen Kordel mit bunten Papierwimpeln dekorieren: Die Kordel an einem Zahnstocher befestigen, diesen vorne in den Kuchen stecken. Kordel bis zu dem Spieß mit dem Segel spannen, dort befestigen und hinten wieder mit einem Zahnstocher ins Schiff stecken. Ein Foto des Geburtstagskindes aufs Segel geklebt, macht es zum Kapitän.

SPEED-TIPP

Wenn nicht genug Zeit ist, dekorieren Sie einfach einen gekauften Kastenkuchen als Wikingerschiff.

mit Mango-Joghurt-Creme

Flowerpower

Diesen Blumengruß können Sie zu jeder Jahreszeit überreichen. Und: Er verblüht nicht. Weil er so fruchtig-cremig schmeckt, wird er trotzdem nicht lange halten.

Für den Biskuitteig
6 Eier | 150 g Zucker
100 g weiche Butter
150 g Mehl
Für die Joghurtcreme
1½ Päckchen gemahlene Gelatine
2 Dosen Mangoscheiben (je 230 g Abtropfgewicht)
200 g Sahne
400 g Naturjoghurt
6 EL Zucker
7 EL Limettensaft (oder Zitronensaft)
Für den Guss
1 Päckchen klarer Tortenguss
2 EL Zucker
⅛ l Mangosaft (von den Früchten aus der Dose)
⅛ l Orangensaft
1 Cocktailkirsche (nach Belieben)
Backpapier

Für 1 Springform von 28 cm ∅ (16 Stücke)
1 Std. Zubereitung
20 Min. Backen | 4 Std. Kühlen
Pro Stück ca. 260 kcal, 6 g EW, 13 g F, 31 g KH

1 Ofen auf 180° vorheizen. Backpapier in den Springformboden einspannen. Eier trennen. Eiweiße zu steifem Schnee schlagen. Die Eigelbe mit Zucker und Butter schaumig schlagen. Eischnee und Mehl nur kurz unterrühren. Teig in die Form füllen, im Ofen (Mitte, Umluft 160°) etwa 15 Min. backen. Abkühlen lassen.

2 Gelatine in einem kleinen Topf mit etwas kaltem Wasser verrühren, 10 Min. quellen lassen. Mangos in einem Sieb abtropfen lassen, Saft für den Tortenguss auffangen. Die Hälfte der Mangos pürieren, den Rest zum Garnieren beiseitestellen.

3 Sahne steif schlagen, Joghurt, Mangopüree, Zucker und Limettensaft unterrühren. Gelatine bei kleiner Hitze unter Rühren auflösen. Damit sich keine Klümpchen bilden, erst 3 bis 4 Esslöffel Joghurt-Sahne unter die Gelatine mischen, dann diese Mischung unter die restliche Joghurtcreme rühren.

4 Biskuit quer halbieren. Eine Hälfte in die Springform zurücklegen, Creme darauf verteilen. Zweite Hälfte darauf setzen und die Torte mindestens 4 Std. in den Kühlschrank stellen.

5 Restliche Mangospalten in Form einer Blüte auf der Torte anrichten, in die Mitte eine Cocktailkirsche setzen.

6 Das Tortengusspulver mit Zucker, Mango- und Orangensaft in einem kleinen Topf mischen, unter Rühren zum Kochen bringen. Den Guss von der Mitte aus gleichmäßig über die Torte verteilen und fest werden lassen.

TIPP – MIT FRISCHEN FRÜCHTEN
Mit frischen, vollreifen Mangos, mit Nektarinen, Pfirsichen oder Birnen schmeckt die Torte noch fruchtiger.

SPEED-TIPP
Wenn Sie nicht so viel Zeit haben, kaufen Sie einen fertigen Biskuitboden.

mit Marzipan

Fußballfeld

Wilde Fußballkerle und -mädels kicken natürlich auch an ihrem Geburtstag. Damit alle Mitspieler satt werden, hier die passende Torte im XL-Format.

Für den Teig
10 Eier
500 g weiche Butter
300 g Zucker
200 g Marzipanrohmasse
500 g Mehl
1 Päckchen Backpulver
Fett für die Form
Für die Deko
300 g Marzipanrohmasse
100 g Puderzucker
grüne Speisefarbe (flüssig, Tube)
weiße Zuckerschrift (Tube)
Gummibärchen in zwei Farben als Spielfiguren
Frischhaltefolie oder Backpapier

Für 1 Backform von 35 cm x 24 cm (20 Stücke)
55 Min. Zubereitung | 45 Min. Backen
Pro Stück ca. 510 kcal, 8 g EW, 30 g F, 51 g KH

1 Ofen auf 180° vorheizen. Backform einfetten. Die Eier trennen. Die Eiweiße steif schlagen.

2 Die Eigelbe mit Butter und Zucker schaumig schlagen. Die Marzipanrohmasse klein schneiden oder auf dem Gemüsehobel raspeln und unterquirlen. Mehl, Backpulver und Eischnee zugeben und nur kurz unterrühren. Teig in die Backform füllen und im Ofen (Mitte, Umluft 160°) ca. 45 Min. backen. Abkühlen lassen.

3 Für die Deko die Marzipanrohmasse mit Puderzucker und Speisefarbe gründlich verkneten. Zwischen zwei Lagen Frischhaltefolie oder Backpapier dünn in Kuchengröße ausrollen (Bild 1). Den Marzipanrasen auf den Kuchen legen (Bild 2). Mit weißer Zuckerschrift die Linien des Spielfeldes aufmalen.

4 Gummibärchen als Spielfiguren auf dem Feld verteilen, am besten mit etwas Zuckerschrift auf das Feld kleben.

AUSTAUSCH-TIPPS

Wenn Ihre Kinder kein Marzipan mögen, lassen Sie es weg, geben aber 100 g mehr Zucker zum Teig. Das Spielfeld aus Marzipan ersetzen Sie dann durch grün gefärbten Zuckerguss.

Wenn Sie keine weiße Zuckerschrift bekommen, rühren Sie Puderzucker mit Zitronensaft an und geben die Mischung in einen kleinen Gefrierbeutel. Eine kleine Ecke abschneiden und Linien auf das Spielfeld malen.

TIPP FÜR TÜFTLER

Wer Lust hat, bastelt noch Banden und/oder Tribünen mit Fans: Für beides eignen sich am besten dicke Cremewaffeln. Die Banden rundherum mit etwas Kuvertüre oder Zuckerguss auf das Spielfeld kleben und nach Belieben mit bunter Zuckerschrift beschriften. Auch die Treppen der Tribüne mit Kuvertüre oder Guss zusammenkleben. Für Transparente mit Geburtstagsgrüßen oder die Tafel für den Spielstand: Papier an Holzspieße kleben und in den Kuchen stecken.

1

2

3

kinderleicht

Süße Tischkarten

150 g Mehl
100 g weiche Butter
50 g Zucker
1 Päckchen Vanillezucker
1 Ei
Backpapier | Plätzchenformen
bunte Zuckerschrift (Tube) zum Verzieren

Für ca. 20 Stück | 25 Min. Zubereitung
1 Std. Kühlen | 12 Min. Backen
Pro Stück ca. 80 kcal, 1 g EW, 5 g F, 8 g KH

1 Mehl, Butter, Zucker, Vanillezucker und das Ei zu einem glatten Teig verkneten. Zugedeckt ca. 1 Std. kalt stellen.

2 Backofen auf 180° vorheizen. Den Teig zwischen zwei Lagen Backpapier ausrollen. Mit Plätzchenformen beliebige Motive (z. B. Herzen, Tiere oder Blumen) ausstechen oder eigene Motive mit einem Messer aus dem Teig schneiden. Plätzchen auf ein mit Backpapier belegtes Blech legen. Im Ofen (Mitte, Umluft 160°) ca. 12 Min. goldbraun backen. Abkühlen lassen.

3 Mit Zuckerschrift die Namen der Gäste auf die Plätzchen schreiben. Wer mag, malt noch Kleeblätter, Blümchen, Herzen o. Ä. dazu. Restliche Plätzchen mit Puderzucker bestäuben oder nach Belieben verzieren.

VARIANTE – MIT GUSS

Puderzucker mit etwas Zitronensaft und Speisefarbe zu einem glatten, dicken Guss verrühren und die Plätzchen damit überziehen. Trocknen lassen und mit Zuckerschrift verzieren.

extra schokoladig

Geschenkewürfel

Für den Teig
200 g Vollmilch- oder Zartbitterkuvertüre
6 Eier | 250 g weiche Butter
150 g Zucker
200 g gemahlene Mandeln
200 g Mehl
Backpapier
Für die Glasur
200 g Vollmilchkuvertüre
bunte Zuckerschrift (Tube)

Für 1 Backform von 35 cm x 24 cm (60 Stück)
30 Min. Zubereitung
30 Min. Backen | 2 Std. Abkühlen
Pro Stück ca. 115 kcal, 2 g EW, 8 g F, 9 g KH

1 Ofen auf 180° vorheizen. Den Boden der Backform mit Backpapier auslegen. Kuvertüre in einem Topf bei kleiner Hitze schmelzen.

2 Eier mit Butter und Zucker schaumig rühren. Kuvertüre untermischen. Mandeln und Mehl unterrühren. Teig in die Form füllen, im Ofen (Mitte, Umluft 160°) ca. 30 Min. backen. Gut auskühlen lassen.

3 Kuvertüre in einem Topf bei kleiner Hitze schmelzen. Kuchen damit überziehen und die Glasur in 60–75 Min. ganz fest werden lassen. Mit einem scharfen Messer in ca. 60 Würfel schneiden. Mit Zuckerschrift kleine Schleifen, Herzen oder Blümchen daraufmalen.

VARIANTE – MIT FRUCHTGUMMISCHNÜREN

Etwas aufwendiger, aber effektvoll ist es, wenn Sie die Würfel wie ein Geschenkpaket mit Fruchtgummischnüren umwickeln und oben eine Schleife binden.

vorne: Geschenkewürfel | hinten: Süße Tischkarten

MARCO
ANTON
JÖRN
LIA

Herzhafte Partysnacks

Ich halte nicht viel von Kindergeburtstagen, an denen es Süßigkeiten zum Abwinken gibt. Bei uns beginnt die Feier meist mit Kuchen, danach wird gespielt und als Abschluss bekommen die Kinder noch etwas Herzhaftes. Besonders beliebt sind diese Hähnchen-Nuggets mit drei pfiffigen Dips für jeden Geschmack.

Hähnchen-Nuggets mit Dips

Für die Nuggets
400 g Hähnchenbrustfilet
Salz
10 EL Semmelbrösel
1 TL Currypulver
2 Eier
4 EL Öl
Für die Dips
250 g Apfelmus
Zimtpulver
Nelkenpulver
Salz
200 g Pfirsichpüree (Babykost)
Currypulver
Zitronensaft
150 g Crème fraîche
1–2 TL fein gehackter Dill

Für 4 Kinder | 35 Min. Zubereitung
Pro Person ca. 590 kcal, 30 g EW, 34 g F, 40 g KH

1 Hähnchen waschen, trocken tupfen, in mundgerechte Stücke schneiden und salzen. Semmelbrösel auf einem Teller mit dem Currypulver vermischen. Eier auf einem anderen Teller verquirlen.

2 Öl in einer beschichteten Pfanne erhitzen. Die Hähnchenstücke erst im Ei, dann in den Semmelbröseln wenden. Damit die Hülle knusprig wird, Hähnchen noch einmal in Ei und in Semmelbröseln wenden. Hähnchen-Nuggets im Öl bei mittlerer Hitze von jeder Seite 3–4 Min. goldbraun braten.

3 Apfelmus mit Zimt, Nelkenpulver und Salz würzen. Das Pfirsichpüree mit Curry, etwas Zitronensaft und Salz abschmecken. Crème fraîche mit Dill und Salz verrühren. Nuggets mit den drei Dips servieren.

mit Mürbeteig

Spinatkuchen

Bei diesem Kuchen lassen sich auch kleine Gemüsemuffel ausnahmsweise auf die Farbe Grün ein. Probieren Sie's aus!

250 g Mehl | 150 g weiche Butter | Salz | 100 g saure Sahne | 400 g TK-Spinat (Miniwürfel) | 100 g Schafkäsewürfel (in Kräuteröl eingelegt) | Fett für die Form

Für eine Quicheform von 30 cm ∅ (8 Stücke)
20 Min. Zubereitung | 45 Min. Backen
Pro Stück ca. 300 kcal, 7 g EW, 20 g F, 24 g KH

1 Den Backofen auf 200° vorheizen. Die Backform einfetten.

2 Mehl mit Butter, Salz und saurer Sahne zu einem glatten Teig verkneten. Den Teig mit den Händen in die Backform drücken, dabei einen Rand formen. Spinat- und Schafkäsewürfel gleichmäßig auf dem Teig verteilen. Ungewürzten Spinat salzen. Kuchen im Ofen (Mitte, Umluft 180°) ca. 45 Min. backen und sofort servieren.

AUSTAUSCH-TIPPS

Wenn Sie keine Spinatminis bekommen, lassen Sie den Tiefkühlspinat in einem kleinen Topf auftauen, bevor Sie ihn auf dem Teig verteilen. Manche Kinder mögen keinen Blattspinat. Dann nehmen Sie gehackten. Vielleicht einen, der mit Sahne verfeinert ist und damit besonders mild schmeckt.

Noch schneller und unkomplizierter geht's mit fertigem Blätterteig als Boden. Ob aus dem Kühlregal oder aus der Tiefkühltruhe, entscheiden Sie!

VARIANTE – BUNTER BELAG

Als Belag für den herzhaften Mürbeteig eignen sich auch angedünstete Paprikastreifen, Zucchini, Tomaten oder Mangold. Statt Schafkäse können Sie auch Gouda oder Emmentaler verwenden.

schnell | raffiniert

Erdnuss-Schnecken

3 rechteckige Platten TK-Blätterteig (ca. 225 g) | 3 EL gesalzene Erdnüsse (40 g) | Currypulver | 3 EL Doppelrahm-Frischkäse (60 g) | Backpapier

Für 18 Stück | 20 Min. Auftauen
10 Min. Zubereitung | 20 Min. Backen
Pro Stück ca. 75 kcal, 1 g EW, 6 g F, 4 g KH

1 Backblech mit Backpapier auslegen. Blätterteigplatten nebeneinander aufs Blech legen und auftauen lassen. Ofen auf 200° vorheizen.

2 Erdnüsse grob hacken, mit etwas Curry würzen. Jede Blätterteigplatte mit 1 EL Frischkäse bestreichen und die Erdnüsse darauf verteilen. Teigplatten von der kurzen Seite her aufrollen. Jede Rolle in sechs Scheiben schneiden. Im Ofen (Mitte, Umluft 180°) ca. 20 Min. backen.

ANRICHTE-TIPP

Stecken Sie je 2 bis 3 Erdnuss-Schnecken auf Schaschlikspieße und legen Sie die Spieße auf eine Platte.

kinderleicht | schmecken warm am besten

Hackfleisch-Croissants

5 rechteckige Platten TK-Blätterteig (ca. 400 g) | 300 g Hackfleisch | 1 EL Öl | Kräutersalz | Pfeffer | 2 EL frisch gehackte Kräuter (z. B. Petersilie) | 150 g saure Sahne | Backpapier

Für 10 Stück
20 Min. Zubereitung | 30 Min. Backen
Pro Stück ca. 255 kcal, 9 g EW, 18 g F, 14 g KH

1 Ofen auf 200° vorheizen. Teig auf dem mit Backpapier belegten Blech auftauen lassen.

2 Inzwischen das Hackfleisch im Öl unter Rühren braun anbraten, bis es fein krümelig ist. Mit Kräutersalz, Pfeffer und Kräutern abschmecken.

3 Blätterteigplatten diagonal durchschneiden, sodass Dreiecke entstehen. Teigdreiecke mit saurer Sahne bestreichen, Hackfleisch darauf verteilen. Blätterteig von der breiten Seite her bis zur Spitze aufrollen. Mit etwas Kräutersalz bestreuen. Im Ofen (Mitte, Umluft 180°) ca. 30 Min. backen.

klassisch gut

Nudelsalat

250 g kurze Nudeln (z. B. Farfalle oder Spirelli)
Salz
2–3 Stängel Dill
200 g Naturjoghurt
2 EL Zitronensaft
3 EL Ketchup
Pfeffer
100 g Kirschtomaten
je ½ gelbe und grüne Paprikaschote
1 kleine Gärtnergurke
100 g Lyoner (oder andere Fleischwurst)

Für 4 Kinder | 30 Min. Zubereitung
Pro Portion ca. 355 kcal, 13 g EW, 10 g F, 53 g KH

1 Nudeln in reichlich Salzwasser nach Packungsaufschrift kochen. Inzwischen Dill waschen, trocken tupfen und fein hacken. Joghurt mit Zitronensaft, Ketchup und Dill in einer Schüssel verrühren. Mit Salz und Pfeffer würzen.

2 Tomaten, Paprikaschoten und Gurke waschen und putzen. Tomaten vierteln, Paprika und Gurke in kleine Stücke schneiden. Die Wurst würfeln. Alles in die Joghurtsauce geben.

3 Nudeln in ein Sieb abgießen, kalt abschrecken und abtropfen lassen. In die Schüssel geben, alles gut durchmischen und – wenn nötig – nachwürzen.

DAZU SCHMECKT

Der Nudelsalat passt super zu den Nuggets (Seite 27), den Grillspießen (Seite 40) und den Hackfleisch-Croissants (Seite 29). Wer den Salat pur serviert, reicht Brezen oder Baguette dazu.

raffiniert

Schichtsalat

1 EL Öl
250 g Hackfleisch
½ kleiner Eissalat
2 Tomaten
Salz | Pfeffer
3 EL mexikanische Salsa (Fertigprodukt; Flasche)
2 EL Ketchup
½ Bund frische Kräuter (z. B. Schnittlauch)
200 g saure Sahne
50 g Tortillachips

Für 4 Kinder | 35 Min. Zubereitung
Pro Portion ca. 300 kcal, 17 g EW, 21 g F, 11 g KH

1 Öl erhitzen, das Hackfleisch darin bei mittlerer Hitze unter Rühren braun und krümelig braten.

2 Inzwischen den Eissalat waschen, gut abtropfen lassen, in Stücke zupfen und in eine Glasschüssel füllen. Tomaten waschen, in Würfel schneiden, dabei den Stielansatz herausschneiden. Tomatenwürfel auf dem Eissalat verteilen.

3 Hackfleisch mit Salz, Pfeffer, Salsa und Ketchup würzen. Leicht abgekühlt als nächste Schicht auf den Salat geben. Kräuter waschen, trocknen und fein hacken. Saure Sahne etwas salzen und mit den Kräutern verrühren. Über dem Hackfleisch verteilen. Tortillachips in Stücke brechen und als Abschluss auf den Salat streuen.

GUT ZU WISSEN

Tortillachips gibt es in verschiedenen Geschmacksrichtungen. Nehmen Sie für Kinder am besten die milde, gesalzene Variante.

vorne: Schichtsalat | hinten: Nudelsalat

HAPPY BIRT

gesund und lecker

Gemüsepommes

½ Bund Schnittlauch | 200 g saure Sahne | 2–3 EL Ketchup | Salz | 1 kleine rote Paprikaschote | ½ Zucchini | ½ Kohlrabi | 3 Möhren | Frühstücksbeutel aus Papier oder Butterbrotpapier

Für 4 Kinder | 20 Min. Zubereitung
Pro Portion ca. 95 kcal, 3 g EW, 5 g F, 9 g KH

1 Schnittlauch waschen, trocken tupfen und in Röllchen schneiden. Saure Sahne mit Ketchup und Schnittlauch verrühren, mit Salz abschmecken. Dip auf vier Schälchen verteilen.

2 Alles Gemüse waschen, putzen und in pommeslange Stücke schneiden. Ränder der Frühstücksbeutel so umschlagen, dass die Beutel etwas niedriger sind als das Gemüse. Oder aus Butterbrotpapier selbst dreieckige Tüten basteln. Gemüse bunt gemischt in die Beutel stecken und mit Dip servieren.

kinderleicht

Caprese-Häppchen

1 Packung Mini-Mozzarella-Kugeln (150 g) | Kräutersalz | 1 EL Olivenöl | 1 EL weißer Aceto balsamico | 18 Kirschtomaten | 18 Basilikumblättchen | Holzspießchen

Für 18 Stück | 15 Min. Zubereitung
Pro Stück ca. 25 kcal, 2 g EW, 2 g F, 0 g KH

1 Mozzarella abtropfen lassen und in eine flache Schüssel legen. Mit etwas Kräutersalz bestreuen, mit Olivenöl und Essig beträufeln. Mozzarellakugeln einmal wenden, damit sie rundum mit Marinade benetzt sind. 5 Min. ziehen lassen.

2 Tomaten waschen. Basilikum waschen und trocken tupfen. Je 1 Tomate, 1 Mozzarellakugel und 1 Basilikumblättchen auf einen Spieß stecken. Auf einer kleinen Platte anrichten.

AUSTAUSCH-TIPP

Mozzarella schmeckt auch mit gebratenen Paprikastückchen oder mit frischen Früchten.

das Auge isst mit

Käse-Aprikosen-Spieße

1 rechteckige Platte TK-Blätterteig (ca. 100 g) | Kräutersalz | 3 Aprikosen (oder andere Früchte der Saison) | 100 g Butterkäse am Stück | 10 Holzspieße | Backpapier

Für 10 Stück
20 Min. Zubereitung | 10 Min. Backen
Pro Stück ca. 70 kcal, 3 g EW, 4 g F, 4 g KH

1 Blätterteigplatte auftauen lassen. Ofen auf 200° vorheizen. Backblech mit Backpapier belegen.

2 Teig mit einer Gabel mehrmals einstechen. Der Länge nach in vier Streifen schneiden, jeden Streifen in acht Würfel schneiden. Aufs Backblech legen, mit etwas Kräutersalz bestreuen und im Ofen (Mitte, Umluft 180°) ca. 10 Min. goldgelb backen. Abkühlen lassen.

3 Inzwischen die Aprikosen waschen und vierteln, die Viertel quer halbieren. Käse in kleine Würfel schneiden. Aprikosen, Käse und Blätterteigwürfel abwechselnd auf die Spieße stecken.

raffiniert

Pfannkuchenröllchen

5 EL Mehl | ⅛ l Milch | 1 Ei | Salz | 100 g saure Sahne | 1 EL Öl | ¼ Bund Schnittlauch | 1 Kirschtomate | 1 EL Tomatenmark | Pfeffer | 16 Cocktailspieße

Für 16 Stück | 25 Min. Zubereitung
Pro Stück ca. 35 kcal, 1 g EW, 2 g F, 3 g KH

1 Das Mehl mit Milch, dem Ei, etwas Salz und 1 EL saurer Sahne zu einem glatten Teig rühren. Das Öl in einer beschichteten Pfanne erhitzen und aus dem Teig zwei Pfannkuchen ausbacken. Abkühlen lassen.

2 Schnittlauch waschen, trocken tupfen und klein schneiden. Tomate waschen. Restliche saure Sahne mit Tomatenmark, Tomate und Schnittlauch pürieren. Mit Salz und Pfeffer abschmecken und auf die Pfannkuchen streichen. Pfannkuchen aufrollen und in je acht Röllchen schneiden. In jedes Röllchen einen Cocktailspieß stecken und Röllchen auf einer Platte servieren.

mit Avocadocreme

Hochstapler

1 Tomate
¼ Bund Dill
1 reife Avocado
2 EL Zitronensaft
Salz | Pfeffer
30 Scheiben rundes Vollkornbrot (ca. 5 cm ∅) oder rund ausgestochenes Toastbrot
10 Fähnchen für die Deko

Für 10 Stück | 20 Min. Zubereitung
Pro Stück ca. 105 kcal, 2 g EW, 5 g F, 13 g KH

1 Tomate waschen und in kleine Würfel schneiden, dabei den Stielansatz entfernen. Dill waschen, trocken tupfen und klein schneiden.

2 Avocado halbieren, vom Kern lösen und schälen. Fruchtfleisch mit einer Gabel zerdrücken, Zitronensaft, Tomatenwürfel und Schnittlauch untermischen. Mit Salz und Pfeffer abschmecken.

3 Etwas Avocadocreme auf einen Brottaler streichen, einen Brottaler daraufsetzen, wieder mit Creme bestreichen. Einen Brottaler daraufsetzen und ein Fähnchen in die Mitte stecken. Auf diese Art weitere neun Hochstapler zubereiten.

TAUSCH-TIPP

Avocadocreme schmeckt nur mit einer weichen, wirklich vollreifen Avocado gut. Bekommen Sie keine, können Sie die Avocado durch Schafkäse ersetzen. Den müssen Sie mit den übrigen Zutaten im Mixer pürieren.

TIPP – BUNT GARNIERT

Statt Fähnchen können Sie auch Gurken-, Paprika- oder Tomatenstückchen auf Cocktailspießen in die Hochstapler stecken.

kinderleicht | gut vorzubereiten

Schlemmer-Baguette

1 Pfirsich oder 1 Nektarine
4 Scheiben gekochter Schinken
4 Scheiben Gouda
8 Scheiben Baguette
Backpapier

Für 8 Stück | 20 Min. Zubereitung
Pro Stück ca. 140 kcal, 10 g EW, 6 g F, 12 g KH

1 Backofen auf 200° (Umluft 180°) vorheizen. Das Backblech mit Backpapier belegen.

2 Den Pfirsich oder die Nektarine waschen, halbieren, den Kern entfernen und die Hälften in Spalten schneiden. Schinken- und Käsescheiben halbieren. Baguettescheiben erst mit Schinken, dann mit Pfirsich- bzw. Nektarinenspalten und zum Schluss mit dem Käse belegen. Aufs Backblech legen.

3 Schlemmer-Baguettes im Ofen (Mitte) ca. 5 Min. überbacken und sofort servieren.

TAUSCH-TIPPS

Statt gekochtem Schinken schmeckt auch geräucherter roher Schinken. Anstelle des Pfirsichs oder der Nektarine können Sie auch mal Birne, Ananas oder Mango verwenden. Und anstelle des Baguettes passt auch Kastenweißbrot, Ciabatta oder toskanisches Bauernbrot. Schneiden Sie das Brot nicht zu dünn, sonst wird es beim Überbacken zu kross.

VARIANTE – ÜBERBACKENE FRÜCHTE MIT SCHAF- ODER ZIEGENKÄSE

Lassen Sie den Schinken weg und überbacken Sie eine Frucht Ihrer Wahl mit Schaf- oder Ziegenkäse.

vorne: Schlemmer-Baguette | hinten: Hochstapler

Essen als Abenteuer

Ein Überraschungsessen könnte die Krönung der Schatzsuche sein. Der Schatz ist dann ein Korb oder eine Truhe mit allen Zutaten, die man für das Essen braucht. Oder: Die Schatzkarte führt – natürlich auf abenteuerlichen Wegen mit allerlei Aufgaben – in die Küche, an den Grill oder an den schön gedeckten Tisch zum Schokoladenfondue.

Schokofondue

2 Pfirsiche (ersatzweise Nektarinen)
2 Aprikosen | 1 Birne | 2 Bananen
250 g Erdbeeren
300 g Vollmilchkuvertüre

Für 4 Kinder | 30 Min. Zubereitung
Pro Portion ca. 520 kcal, 8 g EW, 23 g F, 70 g KH

1 Pfirsiche, Aprikosen und die Birne waschen. Pfirsiche und Aprikosen halbieren, vom Stein befreien und in mundgerechte Stücke schneiden. Birne vom Kerngehäuse befreien und ebenfalls in Stücke schneiden. Bananen schälen und in Scheiben schneiden. Erdbeeren waschen und entkelchen. Alle Früchte auf Tellern oder in kleinen Schälchen anrichten.

2 Die Kuvertüre in einem kleinen Topf bei kleiner Hitze schmelzen lassen. Nicht zu heiß werden lassen, sonst klumpt sie! Den Topf auf ein Stövchen mit Teelicht auf den Tisch stellen.

3 Jedes Kind bekommt eine kleine Fondue- oder Kuchengabel, spießt sein Lieblingsobst auf und taucht es ganz oder teilweise in die geschmolzene Kuvertüre.

TIPP – FRÜCHTE DER SAISON

Nehmen Sie fürs Schokoladenfondue das Obst, das gerade Saison hat. Denn vollreif schmecken die Früchte am allerbesten.

TIPP – WAS SONST NOCH DAZU PASST

Auch Kekse oder Rührkuchenstücke lassen sich gut mit Schokolade überziehen. Feinschmecker stellen noch Schälchen mit gehackten Nüssen und Streuseln dazu. Damit kann man die überzogenen Leckereien bestreuen.

RESTE-TIPP – FRUCHTSPIESSE

Bleiben Reste, überziehen Sie die Früchte mit Schokolade und servieren sie am nächsten Tag als Fruchtspieße.

Partyhit

Pizza Margherita

Pizza backen macht Spaß und ist kinderleicht. Bereiten Sie den Teig vor und überlassen Sie das Belegen den Gästen. Dann ab in den Ofen damit, und nun können die Kinder 20 Minuten in die duftende Röhre schauen oder gemeinsam den Tisch decken.

½ Würfel Hefe (20 g)
300 g Mehl
Salz
4 EL Olivenöl
2–3 Stängel frische Kräuter (z. B. Thymian, Oregano oder Basilikum)
300 g Pizza-Tomaten (Tetrapack oder Dose)
Pfeffer
250 g Mozzarella

Für 4 Kinder | 25 Min. Zubereitung
45 Min. Ruhen | 20 Min. Backen
Pro Portion ca. 500 kcal, 22 g EW, 21 g F, 55 g KH

1 Die Hefe zerbröckeln und mit ⅛ l lauwarmem Wasser verrühren. Mit Mehl, 1 TL Salz und Öl in eine Schüssel geben und alles zu einem glatten Teig verkneten. Zugedeckt an einem warmen Ort ca. 45 Min. gehen lassen, bis der Teig etwa doppelt so groß ist (Bild 1).

2 Backofen auf 220° vorheizen. Teig noch einmal durchkneten, auf Backpapier rechteckig ausrollen (Bild 2) und mit dem Papier aufs Blech legen.

3 Kräuter waschen und trocken tupfen, Blätter abstreifen und hacken. Tomaten mit Kräutern verrühren, auf dem Teig verteilen, mit Salz und Pfeffer würzen. Mozzarella in Scheiben schneiden und den Teig gleichmäßig damit belegen. Pizza im Ofen (Mitte, Umluft 200°) ca. 20 Min. backen.

VARIANTEN – PIZZA FÜR JEDEN GESCHMACK

Die Pizza Margherita ist immer die Grundlage, aus der sich jedes Kind seine Lieblingspizza kreieren kann. Stellen Sie Schüsseln mit verschiedenen Zutaten bereit und schon kann's losgehen. Hier ein paar Vorschläge zum Appetit machen:

Pizza classica – mit Salami, Schinken und Pilzen

Pizza legume – mit vorgegartem Gemüse, z. B. Brokkoli, Paprika, Zucchini o. ä.

Pizza frutti di mare – mit Muscheln und Garnelen

Pizza tonno – mit Thunfisch und weißen Zwiebeln

Pizza Hawaii – mit Schinken und Ananas

Pizza Parma – mit Parmaschinken und Rucola

Pizza formaggio – mit verschiedenen Käsesorten

TIPP – PIZZATEIG AM VORTAG KNETEN

Sie können den Hefeteig schon am Vortag zubereiten und dann im Kühlschrank gehen lassen. Denn: Wenn man der Hefe genügend Zeit lässt, geht der Teig auch bei Kälte schön auf.

1

2

schmeckt nach Sommer und Sonne

Bunte Grillspieße

Offenes Feuer fasziniert Groß und Klein schon immer. Wer nicht im Garten grillen kann, findet sicher ein lauschiges Plätzchen an einem See oder in einem Park. Von diesen Grillspießen machen Sie am besten gleich mehr, die lieben nämlich auch die Erwachsenen!

400 g Hähnchen- oder Putenbrustfilet
Salz | Pfeffer
½ kleine Ananas
1 kleine rote Paprikaschote
2 Frühlingszwiebeln
Grillspieße
Öl für die Spieße
Alufolie oder Aluschalen

Für 4 Stück
20 Min. Zubereitung | 12 Min. Grillen
Pro Stück ca. 185 kcal, 26 g EW, 5 g F, 9 g KH

1 Das Hähnchen- oder Putenbrustfilet waschen, trocken tupfen und in Würfel schneiden. Fleisch rundherum salzen und pfeffern.

2 Die Ananas schälen, den Strunk und die braunen »Augen« entfernen. Ananasfruchtfleisch in Würfel schneiden. Paprikaschote und Frühlingszwiebeln waschen, putzen und in mundgerechte Stücke schneiden.

3 Die Grillspieße einölen. Alle Zutaten abwechselnd auf die Spieße stecken und auf Alufolie oder in Aluschalen von jeder Seite 5 bis 6 Min. grillen.

AUSTAUSCH-TIPP

Statt Ananas schmecken auch Aprikosen. Wer kein Obst möchte, spießt Kirschtomaten, Zucchini oder Pilze mit auf.

TIPPS – SICHERES GRILLEN MIT HOLZKOHLE

Erste und wichtigste Regel: Lassen Sie Kinder niemals alleine beim Grillen! Stellen Sie den Grill an einen windgeschützten Platz und schichten Sie die Holzkohle in der Mitte der Grillpfanne auf. Grillanzünder zwischen die Kohlen stecken und das Feuer mit einem langen Zündholz anzünden. Mit einem Blasebalg etwas Luft in die Glut fächern.

Verwenden Sie zum Anzünden auf keinen Fall Benzin oder Brennspiritus: Es entstehen dabei Stichflammen, die zu schwersten Verbrennungen führen können!

Nach etwa 30 bis 60 Min. ist die Holzkohle richtig durchgeglüht und zum Brutzeln bereit. Grillen Sie am Anfang, wenn die Hitze noch stark ist, Steaks oder andere große Fleischstücke. Alles Empfindliche kommt erst auf den Grill, wenn die Hitze etwas nachlässt.

Verkohltes ist ungesund, und die meisten Kinder mögen es auch nicht. Grillen Sie deshalb in speziellen Alu-Grillschalen und nicht direkt auf dem Rost.

TIPP – STOCKBROT

Kinder lieben Stockbrot. Dafür brauchen Sie Brotteig (ruhig eine Backmischung) und lange Stöcke. Den Teig portionsweise zu Strängen drehen und um den Stock wickeln. Jetzt das Stockbrot unter ständigem Drehen über die Glut halten, bis der Teig gar ist. Das dauert je nach Hitze ca. 10 Min.

gut vorzubereiten

Basic Burger

Kinder lieben Hamburger. Vor allem, wenn sie selbst bestimmen können, was auf das Brötchen kommt. Bei einer Burgerparty brauchen Sie nur die Patties, so heißen die flachen Hackfleischtaler, zu braten, alle anderen Zutaten stellen Sie in Schüsseln daneben.

400 g Rinderhackfleisch
Salz
Pfeffer
2 EL Öl
4 Sesambrötchen

Für 4 Stück
10 Min. Zubereitung | 25 Min. Braten
Pro Stück ca. 410 kcal, 27 g EW, 20 g F, 32 g KH

1 Das Hackfleisch mit Salz und Pfeffer würzen. Öl in einer großen beschichteten Pfanne erhitzen.

2 Aus dem Hackfleisch mit den Händen vier große, flache Taler formen. Im Öl in einer beschichteten Pfanne bei mittlerer Hitze von jeder Seite 8–12 Min. braten, bis das Hackfleisch ganz sicher durchgegart ist. Mit Zutaten nach Wahl (siehe Tipp) in ein Sesambrötchen legen.

TIPP – DAS GEHÖRT AUFS BURGER-BUFFET

Die Grundausstattung: Hackfleisch-Patties, Sesambrötchen, Tomatenscheiben, in Scheiben geschnittene Essiggurken, knackige Salatblätter, Ketchup

Auch lecker: Salsa oder Grillsaucen statt Ketchup; Käse, Salatgurkenscheiben, Zwiebelringe, Schinken, Paprikastreifen

Mal ganz anders: Ananas, Mango, gegrilltes Gemüse, andere Brotsorten: z. B. Ciabatta-Brötchen, französisches Weißbrot, geröstetes Mischbrot, Körnerbrötchen

VARIANTE – MIT KLASSISCHEN FRIKADELLEN

Statt Patties können Sie auch saftige Frikadellen für den Burger braten: Dafür nehmen Sie 400 g gemischtes Hackfleisch (von Schwein und Rind), rühren 1 Ei und 1 eingeweichtes und ausgedrücktes Brötchen, ½ fein gewürfelte Zwiebel und gehackte Kräuter unter das Hackfleisch. Diesen Fleischteig salzen und pfeffern.

SOMMER-TIPP

Im Sommer können Sie die Burger auch gut auf dem Grill braten.

VORBEREITUNGS-TIPP

Sowohl die Patties (Hackfleischtaler) als auch die Frikadellen können Sie wunderbar vorbereiten und einfrieren. Am Tag der Burgerparty wieder auftauen, und wie im Rezept angegeben, braten.

UND DAZU?

Im Heimatland der Burger, Amerika, gibt es traditionell Pommes frites dazu. Blattsalat, Gurken- oder Tomatensalat, aber auch Gemüse-Antipasti als Beilagen machen den Snack zu einer ausgewogenen Mahlzeit.

für kleine Feinschmecker

Thunfisch-Ecken

Unter freiem Himmel ist ein Picknick natürlich am schönsten! Aber es hat durchaus seinen Reiz, wenn man bei schlechtem Wetter die Picknickdecke einfach im Zimmer ausbreitet. Hauptsache, der Korb ist lecker gefüllt.

3 Eier
¼ rote Paprikaschote
8 Kirschtomaten
2 Zweige Dill
4 EL saure Sahne
2 EL Zitronensaft
3 EL Ketchup
Salz | Pfeffer
8 Scheiben Sandwichtoast
4 Salatblätter
1 Dose Thunfisch im eigenen Saft (ca. 150 g)
8 bunte Cocktailspieße oder Schirmchen

Für 8 Stück | 25 Min. Zubereitung
Pro Stück ca. 135 kcal, 8 g EW, 4 g F, 16 g KH

1 Die Eier in 6–8 Min. hart kochen. Inzwischen die Paprika waschen, putzen und in dünne Streifen schneiden. Die Tomaten waschen und vierteln. Dill waschen, trocken schütteln und klein schneiden.

2 Die Eier abschrecken, pellen und mit Dill, saurer Sahne, Zitronensaft und Ketchup nur kurz pürieren. Mit Salz und Pfeffer abschmecken.

3 Alle Sandwichscheiben mit der Creme bestreichen, auf vier Scheiben je ein Salatblatt legen. Den Thunfisch abtropfen lassen und auf dem Salat verteilen. Paprikastreifen und Tomatenviertel darauf legen. Die restlichen vier Brotscheiben darauflegen und jeden »Doppeldecker« diagonal in zwei Dreiecke schneiden. Cocktailspieße oder Schirmchen in die Mitte stecken, damit die Sandwich-Ecken beim Transport nicht auseinanderfallen.

VARIANTE – VIVA ITALIA
Sandwichtoasts mit Pesto bestreichen, mit Tomaten- und Mozzarellascheiben und Basilikumblättchen belegen.

VARIANTE – PAPRIKA-ECKEN
Frischkäse mit eingelegten Paprikastücken pürieren, Sandwichtoasts damit bestreichen. Mit hauchdünn geschnittenen Paprikaringen belegen.

PACK-TIPP
Das gehört in den Picknickkorb: eine große Decke, Becher, Teller, Besteck und Servietten. Salate und Getränke transportieren Sie am besten in einer Kühltasche.

TIPP – PICKNICK BEI ZEITMANGEL
Keine Zeit für selbst gemachte Picknick-Leckereien? Dann kaufen Sie einfach frisches Brot, Wurst, Käse und etwas Rohkost ein. Und wenn es etwas Süßes als Nachtisch geben soll, sind Joghurt oder Pudding aus der Kühltheke, ein paar Kekse und frische Früchte schnell dazugepackt.

ganz einfach | sommerlich

Gemüse-Antipasti

2 mittelgroße Zucchini
Kräutersalz
3 gelbe oder rote Paprikaschoten
2 Knoblauchzehen
6–8 EL Olivenöl
3 EL milder Aceto balsamico

Für 4 Kinder | 40 Min. Zubereitung
Pro Portion ca. 220 kcal, 3 g EW, 21 g F, 6 g KH

1 Zucchini waschen, putzen und längs in Scheiben schneiden. Die Scheiben nach Belieben noch einmal halbieren. Mit Kräutersalz bestreuen. Paprikaschoten waschen, putzen und in Streifen schneiden. Knoblauch schälen und in Scheiben schneiden.

2 Je 2 EL Öl in zwei großen Pfannen erhitzen. In einer Pfanne die Paprika mit der Hälfte des Knoblauchs ca. 10 Min. bei mittlerer Hitze braten. Dabei ab und zu umrühren. Paprika leicht salzen. Gleichzeitig in der anderen Pfanne die Zucchini portionsweise von jeder Seite 2 Min. braten. Dabei den restlichen Knoblauch kurz mitdünsten, aber nicht braun werden lassen.

3 Zucchini und Paprika in eine Schale legen, abkühlen lassen und mit etwas Olivenöl und Aceto balsamico beträufeln.

GUT ZU WISSEN

Fragen Sie beim Einkauf nach einem milden Aceto balsamico. Damit schmecken die Antipasti am besten und den mögen auch die meisten Kinder am liebsten.

Gesundes auf die feinste Art

Himbeermousse

1 Päckchen gemahlene Gelatine
500 g Himbeeren
4 EL Zucker
200 g Sahne

Für 4 Kinder
20 Min. Zubereitung | 4 Std. Kühlen
Pro Portion ca. 235 kcal, 5 g EW, 16 g F, 18 g KH

1 Gelatine mit etwas kaltem Wasser in einem kleinen Topf verrühren. 10 Min. quellen lassen.

2 Die Himbeeren verlesen und in einem großen Sieb kurz unter kaltem Wasser abbrausen. Einige Beeren zum Garnieren beiseitelegen. Die übrigen Früchte mit dem Zucker pürieren. Die Sahne steif schlagen.

3 Gelatine bei kleiner Hitze auflösen, ein Viertel des Himbeerpürees unterrühren. Dann diese Mischung unter das übrige Himbeerpüree rühren. Die Sahne unterheben. Die Mousse in eine Glasschüssel füllen und mindestens 4 Std. im Kühlschrank fest werden lassen. Auf vier Schälchen oder Becher verteilen und mit den beiseite gelegten Himbeeren dekorieren.

VARIANTE – FRUCHTWECHSEL

Außerhalb der Saison bereiten Sie die Mousse mit Tiefkühlfrüchten zu. Statt Himbeeren schmecken auch Erdbeeren oder Waldbeeren lecker.

TIPP – DAMIT GELATINE NICHT KLUMPT

Mischen Sie immer erst einige Löffel Püree unter die geschmolzene Gelatine und rühren Sie diese Mischung dann unter das restliche Püree.

vorne: Himbeermousse | hinten: Gemüse-Antipasti

gut vorzubereiten | für Schulkinder

Raclette

Beim Raclette gibt es kein »Mag-ich-nicht«, denn jeder ist sein eigener Koch. Gemeinsam am Tisch in kleinen Pfännchen selbst zu brutzeln, das macht Riesenspaß. Kleinere Grundschulkinder brauchen manchmal Unterstützung!

4 Kartoffeln
1 kleiner Zucchino
1 Paprikaschote
2 Möhren
300 g milder Raclettekäse, Butterkäse oder Gouda
4 Tomaten
Kräutersalz
300 g Hähnchenbrustfilet
1 Baguette

Für 4 Kinder | 45 Min. Zubereitung
Pro Portion ca. 625 kcal, 45 g EW, 23 g F, 59 g KH

1 Kartoffeln waschen und in einen großen Topf mit Wasser geben. Bei mittlerer Hitze in etwa 20 Min. garen. Inzwischen Zucchino, Paprika und Möhren waschen, putzen und in kleine Würfel schneiden. Den Käse in Scheiben hobeln. Alles auf Platten anrichten. Tomaten waschen, in kleine Würfel schneiden, dabei die Stielansätze entfernen. Tomaten in eine Schüssel geben und mit etwas Kräutersalz würzen.

2 Hähnchen waschen, trocken tupfen und in kleine Würfel schneiden. Leicht salzen und ebenfalls auf eine Platte legen. (Wer Bedenken wegen Salmonellen hat, brät die Hähnchenstücke vor).

3 Das Baguette in Scheiben schneiden und in einen Brotkorb legen. Kartoffeln abgießen, pellen und in Scheiben schneiden. Kartoffelscheiben auf eine Platte legen und leicht salzen.

4 Raclettegerät anschalten. Nun darf sich jeder nach Herzenslust seine Pfännchen zusammenstellen (am besten bunt gemischt), die Zutaten garen und mit Käse überbacken. Das Brot dazu schmeckt extralecker, wenn man es oben auf der Racletteplatte röstet.

TIPP – NACHSCHUB BEREITHALTEN

Beim Selberbrutzeln bekommen die Kinder manchmal gar nicht genug: Stellen Sie sich also darauf ein, dass Sie noch einmal zum Schnipseln in die Küche müssen.

TIPP – SICHERES BRUTZELN

Raclette ist am sichersten in einer kleinen Geburtstagsrunde. Erklären Sie den Kindern anfangs, dass das Raclettegerät und die Pfännchen heiß sind und dass man sich an ihnen verbrennen kann. Achten Sie auf eine hitzebeständige Unterlage, legen Sie jedem Kind eine doppelt gefaltete Serviette oder ein Holzbrettchen zum Absetzen des heißen Pfännchens an seinen Platz. Stellen Sie das Raclettegerät so auf, dass es alle Kinder mühelos erreichen können. Bleiben Sie bei kleineren Kindern mit am Tisch, bei größeren in Reichweite.

UND DANACH?

Nachtisch erwünscht? Stellen Sie klein geschnittenes Obst – Äpfel, Bananen, Pfirsiche, Himbeeren etc. – an den Tisch. Etwas flüssige Sahne, Zucker oder Zimtzucker dazu und ab in die Pfännchen!

Peppiges zum Trinken

Geburtstag feiern macht durstig! Achten Sie darauf, dass für die kleinen Hitzköpfe während des Festes Wasser oder Fruchtsaftschorlen bereitstehen. Wie wäre es zur Begrüßung mit einem leckeren Milchshake? Oder zum Abschied mit einem fruchtigen Cocktail? Auch mit dieser Sommerbowle ernten Sie bestimmt Applaus.

Kinderbowle

100 g Erdbeeren
100 g Himbeeren
2 Pfirsiche
1 Zweig Minze (nach Belieben)
400 ml gut gekühlter Früchtetee
400 ml gut gekühlter Johannisbeersaft
200–400 ml Mineralwasser

Für 8 Gläser | 20 Min. Zubereitung
Pro Glas ca. 35 kcal, 1 g EW, 1 g F, 8 g KH

1 Erdbeeren waschen, Kelchblätter entfernen. Himbeeren verlesen und kurz abbrausen. Pfirsiche waschen, halbieren, vom Stein lösen und das Fruchtfleisch in Würfel schneiden. Minze waschen.

2 Die Früchte und den Minzezweig in eine Bowlenschüssel geben, mit Tee, Johannisbeersaft und Mineralwasser aufgießen. Nach Belieben ein paar Eiswürfel darin schwimmen lassen.

TIPP – STARKER TEE

Besonders aromatisch schmeckt die Bowle, wenn Sie den Tee aus getrockneten Früchten zubereiten. Gute Qualitäten gibt es im Reformhaus und in Teegeschäften. Machen Sie ruhig einen stärkeren Tee, er wird ja noch mit Saft und Mineralwasser aufgegossen.

TIPPS – COOLES FÜR GETRÄNKE

WITZIG: Besorgen Sie sich Eiswürfelbehälter mit witzigen Formen: Tiere, Sterne, Muscheln, Fußbälle. Farbe bekommen Eiswürfel, wenn man Beeren oder klein geschnittenes Obst mit einfriert. Übrigens: Auch Gummibärchen lassen sich einfrieren!
SAFTIG: In Eiswürfelbehältern eingefrorene Säfte oder pürierte Früchte schmecken nicht nur in Cocktails super, sondern machen auch Mineralwasser populär.
FRUCHTIG: Auch frische Früchte können Getränke auf köstliche Weise kühlen: ganze Beeren oder klein geschittene Früchte in einem Gefrierbeutel einfrieren.

exotisch

Waikiki

300 ml Ananassaft | 200 ml Bananennektar | 100 ml Kokosmilch | 100 g Sahne | Eiswürfel

Für die Deko

4 Ananasstücke (frisch oder aus der Dose) | 4 Cocktailkirschen | 4 bunte Cocktailspieße

Für 4 Gläser | 10 Min. Zubereitung
Pro Glas ca. 140 kcal, 1 g EW, 8 g F, 16 g KH

1 Ananassaft, Bananennektar, Kokosmilch und Sahne mit ein paar Eiswürfeln in einen Cocktailshaker geben und gut durchschütteln. Eiswürfel in vier Cocktailgläser geben und den Drink darübergießen.

2 Je 1 Ananasstück und 1 Cocktailkirsche auf einen Spieß stecken. Spieße auf die Gläser legen und den Waikiki servieren.

purer Fruchtgenuss

Happy Melone

¼ reife Wassermelone (ohne Kerne) | Saft von 1 Limette (ersatzweise 1 Zitrone) | 2 EL Zucker

Für 4 Gläser | 10 Min. Zubereitung
Pro Glas ca. 135 kcal, 2 g EW, 1 g F, 31 g KH

1 Von der Melone eine fingerdicke Scheibe abschneiden und daraus vier kleine Dreiecke zum Dekorieren der Gläser herausschneiden.

2 Restliches Melonenfruchtfleisch von der Schale lösen und in Stücke schneiden. Mit dem Limettensaft und Zucker pürieren, in Cocktailgläser gießen. Melonendreiecke einschneiden und an den Glasrand stecken.

GUT ZU WISSEN

Der Cocktail schmeckt am besten mit einer vollreifen Wassermelone, die im Kühlschrank durchgekühlt wurde. Achtung: Nur kernlose Melonensorten können Sie gleich verarbeiten. Bei den anderen müssen Sie die Kerne vor dem Pürieren entfernen.

Partyhit

Stracciatella

400 g gut gekühlter Vanillejoghurt | 200 ml eiskalte Milch | 10 EL Schokoladenstreusel

Für 4 Gläser | 5 Min. Zubereitung
Pro Glas ca. 235 kcal, 7 g EW, 13 g F, 23 g KH

1 Vanillejoghurt mit Milch und 8 EL Schokoladenstreusel mit dem Pürierstab aufmixen und in vier Cocktailschalen füllen.

2 Drinks mit den restlichen Schokostreuseln bestreuen und nach Belieben mit kurzen Strohhalmen servieren.

AUSTAUSCH-TIPP

Statt Vanillejoghurt können Sie auch Sahne- oder Naturjoghurt nehmen. Den können Sie dann noch mit etwas Vanillezucker oder Haushaltszucker süßen.

süß und süffig

Multivitaminchen

1 Banane | ½ l kalter Orangensaft | ¼ l kalter Pfirsichsaft

Für die Deko

1 kleiner Pfirsich | Zitronenmelisseblättchen | 4 bunte Cocktailspieße

Für 4 Gläser | 10 Min. Zubereitung
Pro Glas ca. 95 kcal, 1 g EW, 1 g F, 22 g KH

1 Die Banane schälen und im Mixer pürieren. Gut gekühlten Orangen- und Pfirsichsaft zugeben und kurz untermixen. Auf vier Cocktailgläser verteilen.

2 Den Pfirsich waschen, halbieren, vom Kern lösen und in schmale Spalten schneiden. Mit Zitronenmelisseblättchen auf vier Cocktailspieße stecken und diese auf die Gläser legen.

mit Joghurt

Beerenpower

500 g Himbeeren (frisch oder tiefgekühlt)
2 Becher Vanillejoghurt (à 150 g)
500 ml eiskalte Milch
Zucker oder Fruchtsirup

Für 4 Gläser | 15 Min. Zubereitung
Pro Glas ca. 185 kcal, 8 g EW, 7 g F, 22 g KH

1 Frische Himbeeren verlesen und kurz mit kaltem Wasser abbrausen. TK-Beeren soweit auftauen lassen, dass Sie die Früchte pürieren können.

2 Himbeeren in einer schmalen hohen Schüssel pürieren, Vanillejoghurt und Milch vorsichtig untermixen. Nach Geschmack mit Zucker oder Fruchtsirup süßen. Drink auf vier hohe Gläser verteilen und mit Strohhalm servieren.

DEKO-TIPP

Wer mag, legt 8 Himbeeren beiseite und legt je 2 als Deko auf den Drink.

VARIANTE – MIT VANILLE-EIS

Lassen Sie den Vanillejoghurt weg, pürieren Sie die Himbeeren mit 600 ml Milch und süßen Sie nach Geschmack. Geben Sie je eine Kugel Vanille-Eis ins Longdrinkglas und gießen Sie die Himbeermilch darüber. Mit Strohhalm und Löffel servieren.

AUSTAUSCH-TIPPS

Statt Himbeeren schmecken auch Erdbeeren, Blaubeeren oder Johannisbeeren gut. Den Vanillejoghurt können Sie durch Naturjoghurt oder den zum Obst passenden Fruchtjoghurt ersetzen.

macht gute Laune

Mangomint

1 reife Mango
1 Zweig Minze
800 ml eiskalte Buttermilch
Zucker

Für 4 Gläser | 20 Min. Zubereitung
Pro Glas ca. 275 kcal, 5 g EW, 1 g F, 62 g KH

1 Mango schälen, Fruchtfleisch vom Stein schneiden. Minze abbrausen, Blättchen abzupfen.

2 Mangofruchtfleisch mit Minzeblättchen in einer hohen schmalen Schüssel pürieren. Buttermilch vorsichtig untermixen. Nach Geschmack süßen. Auf vier hohe Gläser verteilen und mit Strohhalm servieren.

DEKO-TIPP

Hübsch sieht es aus, wenn Sie den Glasrand mit etwas Minze dekorieren.

TIPP – NUR REIFE MANGOS KAUFEN

Nur reife Früchte geben dem Drink ein volles Aroma. Nehmen Sie deshalb Früchte, deren Schale auf Druck leicht nachgibt und lassen Sie harte Früchte lieber noch nachreifen. Als Ersatz können Sie Mangos aus der Dose nehmen. Weil diese gezuckert sind, sparen Sie sich das Nachsüßen. Fehlt Säure, können Sie den Drink mit etwas Limettensaft abschmecken.

AUSTAUSCH-TIPPS

Statt Buttermilch schmeckt auch Naturjoghurt.

Manche Kinder mögen keine Minze. Milder im Geschmack ist Zitronenmelisse. Oder Sie lassen die Kräuter einfach weg und machen einen puren Mangodrink!

vorne: Mangomint | hinten: Beerenpower

beerenstark

Kühler Erdbeermund

500 g Erdbeeren
2 Zweige Minze
6 EL Holundersirup
6 EL Limettensirup
Eiswürfel
Mineralwasser zum Aufgießen
4 Strohhalme

Für 4 Gläser
20 Min. Zubereitung | 30 Min. Tiefkühlen
Pro Glas ca. 120 kcal, 1 g EW, 1 g F, 27 g KH

1 Die Erdbeeren waschen und die Kelchblätter entfernen. Erdbeeren für etwa 30 Min. in die Tiefkühltruhe stellen.

2 Inzwischen die Minze waschen, vier schöne Blätterbüschel abzupfen und für die Deko beiseitelegen. Gekühlte Erdbeeren mit den restlichen Minzeblättchen, dem Holunder- und Limettensirup pürieren.

3 Je 2 Eiswürfel in vier große Longdrinkgläser geben. Das Erdbeerpüree darübergießen. Nach Belieben mit Mineralwasser aufgießen. Mit Minzeblättchen dekorieren und mit Strohhalm servieren.

VARIANTE – MIT ZITRUSSAFT

Wer keinen Sirup zuhause hat, kann den Longdrink auch mit dem Saft von 1 bis 2 Limetten oder 1 Zitrone zubereiten und ihn mit Zucker süßen.

erfrischend

Zitronensorbet

4 Kugeln Zitroneneis
einige Blättchen Zitronenmelisse (nach Belieben)
Zitronenlimonade zum Aufgießen

Für 4 Gläser | 10 Min. Zubereitung
Pro Glas ca. 160 kcal, 0 g EW, 0 g F, 15 g KH

1 Je eine Kugel Zitroneneis in eine Cocktailschale oder in ein Longdrinkglas geben. Zitronenmelisseblättchen abbrausen und zugeben.

2 Eis mit Limonade aufgießen – wie viel Limonade Sie nehmen, ist Geschmackssache. Das Zitronensorbet mit Strohhalm und einem Löffel servieren.

VARIANTE – MIT ANDEREN EISSORTEN

Ob mit Erdbeer-, Mango- oder Himbeereis – Sorbets schmecken mit allen Fruchteissorten lecker. Wer eine Eismaschine hat, macht das Eis dafür am besten selbst: Einfach frische Früchte mit etwas Zucker pürieren und für etwa 30 Min. in der Maschine gefrieren lassen.

ELTERN-TIPP

Gießen Sie sich am Ende des Festes eine Kugel Zitroneneis mit Sekt auf, legen Sie die Füße hoch und lassen Sie sich vom Geburtstagskind erzählen, was ihm an seiner Party am besten gefallen hat.

vorne: Zitronensorbet | hinten: Kühler Erdbeermund

Zum Gebrauch
Damit Sie Rezepte mit bestimmten Zutaten noch schneller finden können, stehen in diesem Register zusätzlich auch beliebte Zutaten wie **Erdbeeren** oder **Hähnchen** – ebenfalls alphabetisch geordnet und **hervorgehoben** – über den entsprechenden Rezepten.

Unsere Garantie

Alle Informationen in diesem Ratgeber sind sorgfältig und gewissenhaft geprüft. Sollte dennoch einmal ein Fehler enthalten sein, schicken Sie uns das Buch mit dem entsprechenden Hinweis an unseren Leserservice zurück. Wir tauschen Ihnen den GU-Ratgeber gegen einen anderen zum gleichen oder ähnlichen Thema um.

Liebe Leserin und lieber Leser,

wir freuen uns, dass Sie sich für ein GU-Buch entschieden haben. Mit Ihrem Kauf setzen Sie auf die Qualität, Kompetenz und Aktualität unserer Ratgeber. Dafür sagen wir Danke! Wir wollen als führender Ratgeberverlag noch besser werden. Daher ist uns Ihre Meinung wichtig. Bitte senden Sie uns Ihre Anregungen, Ihre Kritik oder Ihr Lob zu unseren Büchern. Haben Sie Fragen oder benötigen Sie weiteren Rat zum Thema? Wir freuen uns auf Ihre Nachricht!

Wir sind für Sie da!
Montag – Donnerstag: 8.00 – 18.00 Uhr;
Freitag: 8.00 – 16.00 Uhr
Tel.: 0180 - 5 00 50 54*
Fax: 0180 - 5 01 20 54*
E-Mail:
leserservice@graefe-und-unzer.de

*(0,14 €/Min. aus dem dt. Festnetz/ Mobilfunkpreise maximal 0,42 €/Min.)

P.S.: Wollen Sie noch mehr Aktuelles von GU wissen, dann abonnieren Sie doch unseren kostenlosen GU-Online-Newsletter und/oder unsere kostenlosen Kundenmagazine.

GRÄFE UND UNZER VERLAG
Leserservice
Postfach 86 03 13
81630 München

Programmleitung: Doris Birk
Leitende Redakteurin: Birgit Rademacker
Redaktion und Lektorat: Katharina Lisson
Layout, Typografie und Umschlaggestaltung: independent Medien-Design, München
Satz: Liebl Satz+Grafik, Emmering
Herstellung: Petra Roth
Reproduktion: Wahl Media GmbH
Druck: Firmengruppe APPL, aprinta druck, Wemding
Bindung: Firmengruppe APPL, sellier druck, Freising
Syndication: www.jalag-syndication.de

ISBN 978-3-8338-0908-8

3. Auflage 2010

GRÄFE UND UNZER

Ein Unternehmen der
GANSKE VERLAGSGRUPPE

Die Autorin

Christiane Kührt war viele Jahre Redakteurin im Kochressort einer großen Frauenzeitschrift. Seit der Geburt ihrer Kinder arbeitet sie freiberuflich als Journalistin und Autorin. In Sachen Kindergeburtstag ist sie mittlerweile topfit. Schließlich hat sie für ihre 12-jährige Tochter und ihren 10-jährigen Sohn schon jede Menge Kinderfeste ausgerichtet. Und sie macht es noch immer leidenschaftlich gern.

Der Fotograf

Jörn Rynio zählt zu seinen Auftraggebern internationale Zeitschriften, namhafte Buchverlage und Werbeagenturen. Mit klarem Stil, einer großen Portion Kreativität und appetitanregendem Styling setzt der Hamburger Fotograf Food-Spezialitäten aus aller Welt stimmungsvoll in Szene. Das Foodstyling für die Fotos in diesem Buch machte Hermann Rottman. Für das Requisitenstyling waren Michaela Suchy und Tochter Lia Rynio zuständig.

Bildnachweis

Titelfoto: Jörn Rynio, Hamburg; Seite 5: A. Walter (Mitte); Seite 7: Mauritius (Powerstock) (Mitte); Seite 9: C. Kührt (unten); alle anderen: Jörn Rynio, Hamburg

Titelbildrezepte

vorne: Caprese-Häppchen (S. 32), Mitte: Käse-Aprikosen-Spieße (S. 33), links und rechts: Hochstapler (S. 34)

Wichtiger Hinweis

Die Ratschläge in diesem Buch sind von Autorin und Verlag sorgfältig erwogen und geprüft. Dennoch kann eine Garantie nicht übernommen werden. Eine Haftung der Autoren bzw. des Verlages und seiner Beauftragten für Personen-, Sach- und Vermögensschäden ist ausgeschlossen.

Die Temperaturangaben bei Gasherden variieren von Hersteller zu Hersteller. Welche Stufe Ihres Herdes der jeweils angegebenen Temperatur entspricht, entnehmen Sie bitte der Gebrauchsanweisung. Bei Elektroherden können die Backzeiten je nach Herd variieren. Bei Kuchen empfiehlt sich immer die Stäbchenprobe.

Ganz schön **einladend**

Natürlich kann man seine Freunde auch anrufen oder persönlich zum Geburtstagsfest einladen, aber mit einer liebevoll gestalteten Einladung steigt die Vorfreude aufs Fest.

Blitzschnell fertig sind gekaufte Einladungskarten mit Text, die es in großer Auswahl zu kaufen gibt. Namen, Datum, Uhrzeit und Ort draufschreiben und ab geht die Post. Günstiger, schnell gemacht und mit persönlicher Note sind Karten aus buntem Tonpapier. Die werden dann mit farbigen Glitzerstiften beschriftet und mit Stickern verziert oder bunt bemalt. Da können auch schon die Kleinsten mithelfen, und größere Kinder schaffen das sogar ganz alleine.

Originell Warum eigentlich immer eine Karte? Alles Wichtige lässt sich auch auf einen Luftballon schreiben. Oder: Einladungszettel, Konfetti und Luftschlangen in eine Papprolle stecken, mit Geschenkpapier wie ein Knallbonbon einpacken. Piraten verschicken ihre Einladung per Flaschenpost. Und Prinzessinnen? Die schreiben auf eine Pergamentrolle, die sie mit Wachs versiegeln.

Für Künstler Lassen Sie sich von allem inspirieren, was Sie zuhause haben: Kleben Sie Muscheln vom letzten Urlaub oder bunte Perlen auf Wellpappe, beschriften Sie Steine oder Tonscherben, kleben Sie Federn oder getrocknete Blumen und Blätter auf Karten. Nutzen Sie auch die Kreativität Ihrer Kinder: Stellen Sie einen Mix an Bastelmaterial auf den Tisch und lassen Sie sich überraschen, welche Unikate daraus entstehen.